がんばり屋さんのための、心の整理術

井上裕之

sanctuary books

はじめに。

人に甘えることができなくて、
心がカチカチに凍りついてしまったあなた。
人に弱みを見せることができなくて、
心がヘトヘトに疲れ果ててしまったあなた。
自分の中の小さな悪が許せなくて、
いつまでも自分を責めてしまっているあなた――。
そんなあなたは、本当に、がんばり屋さんで、
心のきれいなやさしい人だと思います。
ですから、今日からはもうそれ以上、
自分を責めることも、自分をダメだと否定することも、
一切、やめてほしいのです。
そして、どうか自分で自分を思いきりほめて、
抱きしめてあげてください。
本当に、あなたはそのままでいいのです。

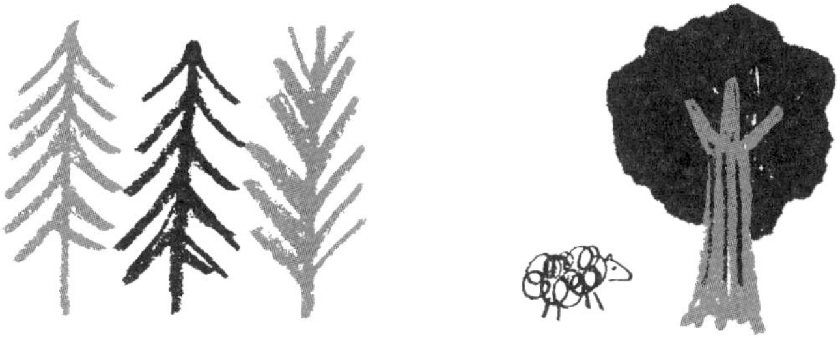

どんなにつらく悲しいこと、

恥ずかしい失敗や後悔があっても、それらもすべて、

何一つ間違ったことなどない。

あなたの魂の成長のために必要不可欠にして、

すべて正しいことだったのです。

ですからあなたは本当に、今のそのままで愛されるべき、

世界中に一人しかいない、

奇跡のようにすばらしい存在なのです。

もしかしたら、

私がこの本を通してあなたに届けたいことは、

そのことに尽きるかもしれません。

だから、どんな心の痛みも、もうこれ以上、

あなたの中にとどめておく必要はありません。

あなたがそのままのあなたを優しく抱きしめて、

本来のあなたのかけがえのない
すばらしさを思い出すとき、
きっと、あなたの心の中にはきっと、
さらさらと美しい水が流れ出すはずです。
どうか、その水音に、そっと耳を傾けてみてください。
その音は、最初は小さなものかもしれません。
けれども、あなたがそのままのあなたを認め、
抱きしめてあげるたびに、
それはどんどん
澄んだ大きな流れになっていくはずです。
そして、気がつくと、
あなたの心の痛みはきれいに消え、
代わりに、楽しいこと、幸せなこと、
希望に溢れたことだけで満たされているはずです。

なぜなら、それが本来のあなたなのですから——。
そして、どんなことも素直に受け止め、
さらさらと流していくことができるようになれば、
あなたの心の中には、もうそれ以上、
深い痛みがとどまることなどなくなります。
しかも、それをするのに
もう遅すぎるということも、一切、ありません。
あなたが今、どんな環境にあっても、
いくつであっても、必ず、それは起こります。
そしてあなたは、あなたの予想をはるかにこえて、
どんどん、どんどん明るいほうへ、幸せなほうへ、
愛に満ち溢れた人生へと導かれていきます。
この本で、
そのお手伝いができたらうれしく思います。

もくじ

かけがえのない、大切なあなた。

「さびしい」「つらい」「かなしい」「なさけない」「くやしい」「くるしい」――。

人が、そんなふうにネガティブな感情に浸ってしまうのは、どんなときでしょうか。

一つは、自分の存在を否定されたとき。もう一つは、自分の存在を忘れられたとき。この二つは似ているようで、じつはとても違います。

相手があなたを否定するのは、その存在が大きく、邪魔だから。あなたという存在を認めているから、否定することで優位に立ちたいと思うのです。ですから、もしも誰かに否定されたときは、相手を許すこと。またはそういう見方もある

なと客観的に受け止めること。そうすればあなたはきっと、もうそれ以上、感情を乱されることはなくなるはずです。

けれども自分の存在を忘れられたときは、それだけでは少し足りません。なぜなら人から忘れられてしまうというのは、ある意味、相手に否定されたり嫌われたりすることよりも、もっとずっとつらいことだから——。

人間は弱い生き物です。人から気にかけられなくなったり無視されたりすることほど、この世で寂しくつらいことはありません。そして、そんな状態の中に長くいると、自分という存在にどんどん自信が持てなくなってしまう。「私なんかいてもしょうがない」「いるだけムダだ」——。そんなふうにどんどん悪いほうに考え、ネガティブ思考のループにはまっていってしまうのです。

けれども私は、ここではっきりこう断言したいと思います。あなたが忘れられたり気にかけられなくなってしまうのは、まったく悲しむべきことではないのですよ、と。なぜなら、みんながあなたを忘れてしまうのは、それだけあなたが周りの風景に溶け込んでいて、誰にとっても「空気のような存在」として認識されているということだからです。

不思議なもので、人が誰かを思い出すとき、特別な出来事はほとんど浮かんでこないものです。それよりも、毎朝笑顔で挨拶を交わしたとか、のどかな午後にお茶を飲みながら他愛のない会話をしたとか、お天気のいい休日に川べりを散歩したとか、そんなありふれた日常の一場面を思い出します。そして、そこで初めて人は、あなたの不在を感じ、空気のようにいつも当たり前にそこにいてくれた、大切でかけがえのない「あなたという存在」を失ってしまったことに気がつくのです。だから、空気のような存在であることにどうぞ誇りと自信を持ってください。そうすればきっと、あなたの寂しさ、心の痛みが癒されるだけでなく、あなたの存在はますます人の心の痛みを癒す、忘れられないものになるはずだから。

あなたの気遣いは、
たしかに伝わっていますよ。

しあわせ体質になるために。

何をやってもうまくいかない。仕事では失敗するし、人間関係も不調で、恋人にもフラれて……なんで、こんなについてないの？——　そういうときも、ありますよね。

運をよくするためにはどうしたらいいのでしょう。まず、最近のあなたを思い返してみましょうか。もしかして、知らず知らずのうちに、自分で自分の運を下げることをしていませんか。

たとえば。自分について、人について、ついついネガティブなことを口にしていませんか。あるいは暗い雰囲気の洋服や場所を好んで選ぶ。暗い話や映画ばかりを見る。さらに運をよくしたいがためにいろいろな占いなどにも通って、そこでもまた悪いことばかりを言われて、ますます運を悪くして

しまう——。
もしもあなたが、そんなふうに不運のスパイラルにはまりこみ、人生に絶望すら感じているなら……。私は、こんなアドバイスをしたいと思います。

運をよくする基本は、明るくすること。よい言葉＝言霊を使って、無意識＝潜在意識を味方につけること。自分が楽しく明るい気持ちになれる人や洋服や場所を選択すること。そうやって一日を明るく楽しいことで満たしていけば、あなたは自然に幸運の女神に愛されるようになるはずですよ、と。
ものごとの結果は、あなたの心の状態によって変わります。よりよい結果を求めれば、よりよい運＝人生が得られるようになります。それは潜在意識があなたの思っていること、考えたとおりに、あなたの人生を導こうとするからです。

あなたの一日を明るく前向きな言葉や楽しいことで満たしていくように心がけてみてください。そうすれば、あなたの心はいつの間にか、不幸ではなく幸せ感で満たされてきます。そうなると潜在意識の働きで、あなたはますます幸せな選択と行動ができるようになってくる——。つまり、ごく自然に

「幸運体質」に変わっていけるのです。

少し逆説的なようですが「大丈夫、あなたはそのままでいいんですよ」と、今のあなたそのままを丸ごとほめてあげることも大切です。それができれば、もうその瞬間から変わります。どんどん、どんどん明るい、幸せなほうへと変わっていきます。なぜなら、あなたの潜在意識の中に「すべてを肯定する」という光の言葉が植えつけられるから。そうすると、あなたの体の細胞も活性化していく――。あなたのすべてを楽しいことで満たしていくことは、究極のアンチエイジングでもあるんですよ。

大丈夫、
あなたはそのままでいいんですよ。

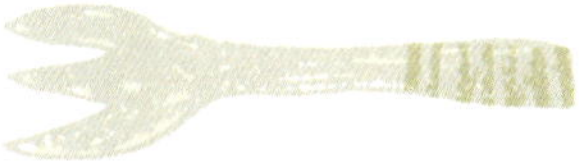

ひとりでがんばらなくてもいいよ。

がんばりすぎて、心がくたくたに疲れてしまった――。そんなあなたは、きっと、人一倍よく気がつく、心やさしい責任感の強い人だと思います。

きっと、あなたは、誰からも頼りにされていることでしょう。そして、頼りにされるあまり、あなたの仕事はどんどん増えていく。どんなに大変でも、いつも笑顔で完璧に仕事をこなすあなたに「彼女に任せておけば大丈夫だ」と、周囲の人がついつい甘えてしまうのです。でも、心やさしく責任感の強いあなたは、周囲の期待にこたえようと、ますますがんばってしまう。誰かに頼ったり甘えたりすることもしないで――。それでもあなたは、疲れはてた心の中でもまだ、「これくらいで挫けるなんて自分はなんて弱いダメな人間なんだ

ろう」と、自分を責めてはいませんか。そんなあなたに、私はぜひ、こんな言葉を贈りたいと思うのです。

「どうかもうもうそれ以上、がんばらないでください。ここまでがんばったすごい自分を認めてほめてあげてください。そして、これからはどんどん誰かの力を借りてください。誰かの力を借りて自分が成長していくこと、それは絶対に間違ったことではないんですよ」と。

合気道などの武術の世界でも、自分の力＝自力ではなく、相手の力＝他力を借りることが、自分の力を最大限に引き出すための究極の極意とされています。私も、自分の不得意なことを代わりにやってくれる人がいたら、いつでも遠慮なくお願いします。自分のできないことを無理してやるのは、大切な自分の人生の時間と労力を無駄にしてしまうことになると思うからです。

今、ひとりでがんばりすぎて心が疲れきってしまったあなたにも、まずは「ここまでほんとうによくがんばったね」「すごいね」「すばらしいね」と自分で自分をほめて抱きしめてあげてほしいのです。そして、これからはどうか遠慮せずに誰かの力をどんどん借りてくださいね。

そうしてあなたの心の疲れが癒えて、ちょっぴり元気になったら、今度はぜひあなたの「パワー・パートナー」も見つけてほしいな、と思います。仕事において自分の不得意なところを補ってくれる人もパワー・パートナーですが、会うと心が落ち着いたり、勇気や元気を与えてくれる人もパワー・パートナーです。それは同僚でも友だちでも家族でも恋人でもかまいません。しがらみや肩書などはどうでもいいのです。人一倍、がんばり屋さんのあなたにこそ、きっと素敵なパワー・パートナーが見つかるはずです。ちょっとだけ肩の力を抜いて素直な心で見渡せばきっと、思いもかけないぐらいの身近なところに、その人は待っていてくれているはずですよ。

あなたは、
もう十分にがんばっていますよ。

言いたいことをがまんしないで。

自分の思いをはっきり言ってしまったら相手との関係が悪くなってしまう気がする。だから言いたいことが言えない――。やさしすぎるあなたは、そんなふうにして、人間関係のストレスを抱えているかもしれませんね。

でも、自分が心から素直に相手に伝えたいと思ったことは、意外に受け入れられるものですよ。たとえば赤ちゃんが無邪気に泣いたり騒いだりすると、たいていの大人はなんとかその要望に応えようとしますよね。それはなぜかと言えば、その要望が純粋だから。そして、赤ちゃんは「ほしいもの・してほしいこと」の目的が、はっきり明確だからです。

といっても、多くの大人は、赤ちゃんのようにシンプル・純粋には自分の気持ちが表現できません。相手に対して「こ

れを言ったら嫌われるんじゃないか、迷惑をかけるんじゃないか」と、いろいろと気遣ってしまう。しかも遠回しに言うことで相手にはますますあなたが何を言いたいのかが伝わらなくなってしまう。結果、ますますストレスが溜まる人間関係に囲まれてしまうのです。でも私は、そんな痛みを抱えるあなたは、とても思いやり深く、控えめで心やさしい人だと思うのです。

だからこそ、あなたはもうがまんしなくていいんですよ。がまんしなければいけないなんて決まっていません。どうか素直に「ほしいものはほしい」「したいことはしたい」と言ってみてください。これを言ったら相手に嫌われるんじゃないかとか相手に不快な思いさせるんじゃないかとか、そんな恐怖感で自分の心を閉ざしていると、体の中にモヤモヤが蓄積されて、それがストレスとなり腐敗して、大切なあなたの心の中をどんどん汚していってしまいます。でも、思ったことを素直にピュアに吐き出していけば、心の中もきれいに循環して軽くなるし、その純粋さによって引き出される言葉というのは、きっと相手が受け入れてくれるものになるはずですから――。

赤ちゃんのように、思いきって相手に自分の気持ちを純粋に素直にぶつけたとき、意外と相手は受け入れてくれるし、自分が想定している以上のものを与えてくれます。言ったら嫌われる。それは自分の中に相手に嫌われてしまうのではないかという前提を持ってしまっていることです。すると、そんなあなたの潜在意識が周りにも相手にも伝わって、本当に嫌われることを引き寄せてしまう。でも、心をオープンにして素直に純粋に言えば、本当に素直な純粋ないいものだけが引き寄せられてきますから。

どうか、もうがまんしないでくださいね。そして、これからはひと言でもいいから、純粋な素直な言葉を話すようにしてみてください。私はいつだって、あなたのそんな言葉を心から応援しています。

素直でシンプルな言葉を。
怖がらずに話してみて。

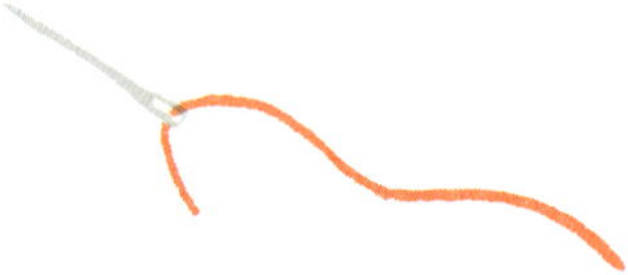

心地よい関係であるために。

人間関係の心の痛み＝ストレスに悩んでいるあなたに、もうひとつ、知っておいてほしいことがあります。それは、いい人間関係をつくる秘訣は何よりも、まずは「相手を認めること」ということです。

私も、患者さん、スタッフ、どんな人に接するときも、まずは相手を100％認めることから入ることを心がけています。相手を100％受け止めてあげる。これが本当に一番大事なのです。たとえば書類を早く持ってきてほしいけれど、その人は何かの都合でそうしてくれないとします。でも、私は決して、怒ったり、イライラしたりはしません。「ああ、そうか、私とその人は違っていて当たり前だから」と、早く持って来てくれないことをすべて受け止める。そして、「ああ良かった。

28

その人と自分との違いも、自分がより成長するために神様が気づかせてくれたことのひとつなんだなぁ」と、心から感謝するのです。

そんなふうに、私にとっては、自分とは違う人と出会うこともまた喜びなのです。能力、趣味嗜好、価値観などの違いも、イライラの原因ではなくて、自分をよりよく成長させてくれるという喜びのタネです。なぜなら、かつて「どうすれば自分を本当によりよく豊かに成長させられるのか」と、とことん考えたとき、「人はそれぞれ違ってこそ本当にいい人間関係のバランスがとれるものだ」ということにも、はっと気がついたからです——。だから私はつねづね「ああ、違いこそバランスだなぁ」と感謝しているのです。

そして、そんなふうにしていると不思議なぐらい、人間関係はストレスのない幸せな恵まれたものに変わっていきます。本当に、おもしろいぐらいにどんどん、どんどんよくなります。そして、それはもちろん、あなたもまったく同じなんですよ。

それでもまだ、あなたが人間関係で深く傷つき、心の痛みを抱えてしまっているとしたら、まずはそんな自分を100%認めて、ほめて、自分で自分を抱きしめてあげてください。

そして、こんな言葉を自分自身にそっとかけてあげてほしいのです。
「あなたは必ず良くなります。あなたは絶対に幸せになるために生れてきているし、必ずよくなるために日々を生きています。そして今、なぜそうではない状況が起こっているかといえば、それはたんに、ちょっとした考え方、捉え方だけのことで、すぐに解決できるんです。あるいは現在のあなたの問題は、あなたをより成長させるために現れてきたことだから、それに気づきさえすれば、あなたの人間関係は、絶対に、必ずよくなりますよ」と。
　私も、いつもそうしています。

人はそれぞれ違ってこそ、
いい人間関係のバランスがとれるもの。

どうしても嫌いな人。

人の嫌なところばかりが目につくというあなたは、繊細で自分に厳しく、頭のいい人だと思います。だからこそ「自分はどうして人をよく見られないのだろう？」と悩んでしまうのですね。

でも、今後はまず、人の嫌なところばかり見てしまう自分も「それはそれでいいんだ」とすべて受け止めてあげてください。そして、少しでも心の痛みが和らいだら、次は自分のよいところを見つけて、それをひとつひとつ、心からほめてあげてください。

人をネガティブな感情で見るというのはじつは、自分の潜在意識の中に、自分を否定するネガティブなものがたくさん溜まってしまっているからです。だから、どんな小さなことでもいいので自分をほめて、潜在意識の中に前向きなプラスのことを増やしていく。そうすればとくに「嫌な人をなくそう、人の嫌なところを見ないようにしよう」とがんばらなくても、いつの間にか自然に人のいいところが見られるようになっているのです。

相手の嫌なところばかりを見ている関係は、残念ながら不快なものしか引き寄せません。けれども、相手のいいところを見つけてほめてあげられるようになれば、今度は逆に、よい人、幸せなことばかりがどんどん引き寄せられてきます。おまけに自分の中に蓄積されたネガティブなものもさらに浄化されていき、心も体も全部いいものに変わっていく。結果、人間関係はもちろん、人生自体も素晴らしいものに変わっていくのです。また、そのメカニズムがわかると、相手の悪いところを見たり、誹謗中傷することが、どんなに自分にとってマイナスになるかも、自然に感じられるようになります。そうすれば、ますますあなたは人のいいところだけを見られる人に成長できる。なぜなら、相手に発した言葉がじつは自分自身に一番返ってくるのだと実感すると、人は誰でもごく自然にいい言葉＝言霊だけを使うようになるからです。

ただし、どこから見てもモラルに反する行為をする人がい

たら、その人がより良くなるための助言をするのは、決して悪いことではないと思います。でもそのときも、怒りの気持ちではなく、相手を良くしてあげたいという気持ちで言うこと。子供を叱るときでも、親がどんな気持ちで「それはよくない」と言っているかで、その反応はまったく変わります。素直に従うか、反抗するか。それは大人も同じです。自分の都合で怒ったのか、それとも本当に相手を思っている言葉＝助言なのか。本当に相手を思っての言葉であれば、それは純粋なものですから、必ず相手の心にも届きます。ですから、助言をするときは、心が穏やかに落ち着いた状態で言うこと。それも、嫌な人をなくすコツだと私は思います。

誰かを嫌いな自分も、
認めてあげて。

人間関係がしんどくなったら。

学校でも職場でもママ友でも、人間関係がしんどくなったとき、自分を絶対に責めてはいけません。そして、どうしても耐えられないときは、その場所から逃げてもいいんですよ。そして、逃げた自分を責める必要も、一切ありません。なぜなら、たとえばいじめのような理不尽な人間関係に傷ついたあなたは、魂のきれいな心やさしい人だからです。

ただ、少し心の痛みが和らいだら、「なぜ人間関係がしんどくなったんだろう？」ということを客観的に見ることは大事にしてください。多くの人は、いじめに限らず何か不都合な状態から逃げたり避けたりしたとき、そんな自分を「自分は弱い」と責めてしまいます。けれども、ただ逃げるのではなく、そこで一度、問題を自分の中で客観的にとらえ、「ああ、

自分にもこういう問題点があったかもしれない。でも相手が自分の価値観を受け入れてもらえなかったこともやっぱり大きかったな」というふうに気づく。そうすれば、あなたはもう、人生の勝者です。理不尽な人間関係という出来事に対して気づき、成長して、次の場面に移ったことで、傷ついたあなたの方が、必ず人生の勝者になるのです。

また、一度、その問題を客観的に見つめた上で、その場から逃げたり、遠ざかったとしても、後ろめたい気持ちになる必要も、一切ありません。なぜなら、あなたは相手の成長を促進するためにこの世に生まれてきているわけではなく、誰よりもあなた自身が、幸せによくなるために生まれてきているからです。

そして、堂々と次のステージに行ったら、もう相手のことは気にしないでくださいね。なぜなら先程も述べたように、あなたはその時点で、相手よりステージが高い自分になっているからです。そして、「どんどん成長して自分のステージを高くしていくことで相手の手も届かない自分になる」と、そんなふうにイメージしてみてください。そうすればあなたの心の中にはもう相手への憎しみや恨みも消え、ますますあなたの成長を促す、すばらしいことだけが、きっと引き寄せられてくるはずですよ。

そして、もうひとつ、いじめや理不尽な人間関係に傷つき、自分を責めてしまっているあなたに、忘れないでほしいことがあります。それは「どんなときもあなたのすることはすべて正しい」ということ。和解をしようとがんばってもやはりダメだった。嫌な人間関係を避けてしまった——。その選択もすべて正しいのです。なぜなら、あなたはあなた自身の成長と幸せのためにその経験を選択したのですから。

人生はいつでも選択の繰り返しです。

でも、それさえ忘れなければ、必ず潜在意識の働きで、ますますあなたの選択は、すべてどんどん正しいことだけになってくるはずですよ。

逃げることも
まちがいじゃない。

孤独な時間をいつくしむ。

ひとりぼっちの夜。世界中に自分のことを思ってくれている人なんて誰もいないのではないかと、無性に孤独を感じて、つらく寂しく、心の底から悲しくなってしまう――。そんなあなたには、もう一度、「孤独」という意味を問い直してほしいな、と思います。

あなたは、本当に孤独ですか？

もしそうであるとするならば、あなたは、本当に孤独が嫌ですか？

自分自身にそう問いかけると、もしかしたらあなたの中に、孤独ということに対する別の価値観が生まれてくるのではないでしょうか。

そして、私自身は、孤独が大好きです。

よけいな友だちもほしいとは思わないし、組織の中に入りたいとも思いません。なぜなら、孤独だということは「自由な選択がたくさんある」ということだから。だから私は、「孤独な人は自由な人」だとも思うのです。

家族や会社の同僚や、そんなつき合いに忙殺されていると、自分の意思に反したことをやらなければいけないことも増えていきます。そうすると潜在意識の働きで、自分の意思に反した悪いものがますます引き寄せられてくる。結果、その人は、人生の中で本当に自分がやりたいこと、やるべきことができなくて、気づいたときには、「他人のための人生ばかりで自分の人生は何もない」ということにもなりかねません。

でも、孤独なあなたは、今、すごく自由な人生の時間をたくさん得ているのです。私から見れば、まさに時間管理のスペシャリストです。他人に時間をコントロールされない。100％自分で人生をコントロールできる。こんな自由で楽しい人生はありません。

でも、それでもあなたが、今の孤独な状態を変えたいと思ったとしたら、まずは、その孤独をありのまま受け止めてください。そして、先程から私が述べているように、「孤独もちょっと見方を変えれば、こんなに楽しいんだな」と、孤独のいいところ、「自分ひとりの時間をたくさん持つ幸せ」を見つけてみてください。

そうすれば、孤独に部屋に閉じこもるのではなく、ちょっとひとり旅に出てみようかな、ちょっと習い事をしてみようかな、ちょっとおしゃれを研究してみようかなと、ますます有意義に、自分ひとりの自由な時間が使えるようになってくるはずです。そして、そんなあなたのいきいきとした成長とともに、本当の意味でのいい友だちや恋人や家族が引き寄せられてくるのです。

ですから、孤独を恥じることはまったくありません。孤独とは、あなたの魂の成長を100％促してくれる、神様からのすてきな贈り物なのですから。

ひとりの時間は、
あなたをきっと成長させてくれますよ。

自分に自信が持てないときは。

自分に自信がなくて、何かにつけてコンプレックスを感じてしまう。心に夢が浮かんでも「自分なんてどうせダメ」と、あきらめてしまう。コンプレックスに押しつぶされて自分の人生が信じられなくなる——。それは、本当につらいことですよね。

そんなときはまず、どんな小さなことでもいいから、あなたのいいところをあなた自身で認めてあげてください。たとえば私の場合なら、容姿のことでハリウッドスターと比べられたとしても、「うん、彼らはたしかに外見はいいかもしれないけれど歯も削れないじゃないか、私はみなさんの歯をよりよく治療できますよ」というふうに思って、自分で自分を認めてあげます。そして、どんなに小さなことでもいいから、

心の中に自分だけの自信をどんどん増やしていく。すると、おもしろいぐらい、コンプレックスもいつの間にか消えていってしまいます。

自信は人から与えられるものではありません。人がそれをどう評価するかではなくて、あなた自身で決めるものです。でも不思議なもので、たとえ根拠がなくても、かんちがいでも、自分の中にどんどん自信を増やしていくと、周りにもそれが伝わります。そして、いつの間にかあなたが自信を持っていることをほめてくれたり、対応も変わってくるのです。

たとえば、お洋服屋さんで試着をするときも「自分はスタイルが悪いし、試着しても似合わないかな」と思っていると、お店の人の対応もそういうふうになってしまう。けれども、「もっと私に似合う服があるはずだから、似合う服を持ってきてください」と自信を持って言えば、お店の人も真剣に似合う服を探してくれるようになる。しかも堂々と自信を持って着れば、洋服もよりきれいに着こなせるようになるのです。私の場合も、どんな海外の一流店に行っても、いつも自信を持って「いちばんカッコよくしてね」と言うことにしています。そう言っても誰にも迷惑をかけないし、それでよい買い物ができることはあっても、恥ずかしい思いをしたり、困ったことは一度もありません。

ですから、あなたも、どうぞあなた自身のすばらしさや魅力を、自分自身で認めてあげて「絶対的な自信」を自分の中にどんどん増やしてみてください。人からなんと言われてもいいのです。根拠なんかなくてもいいのです。最初はかんちがいの自信でも、その自信は、きっとあなたの現実も大きく変えてくれるはずです。自信がないからと、夢を手放してはいけません。日々の生活を営みながら、小さな自信を積み重ねることをあきらめずに続けていると、やがて嘘のように霧が晴れて「視界良好」になります。そのとき、あなたはきっと、絶対なる自信を持って夢に向かって歩き出しているはずですよ。

かんちがいの自信でも、
いいんですよ。

毎日、自分をほめてあげる。

いい言葉＝言霊を使うというのは、今のあなたが思っている以上に価値があります。調べていけばいくほど、本当に、人生をまるごと変えてしまうほどのすごい力があることがわかります。

かつて私は、「どうして人間には成功する人としない人があるのか」ということについても徹底的に研究したことがあるのですが、生まれもっての才能以上に、言葉＝言霊の使い方がその人の運・不運、幸福・不幸を左右していることを痛感しました。つまり、いい言葉＝言霊を使うというのは、それほどあなたの幸せにとって価値のあることなのです。

でも、どんなにいい言葉を使ったほうがいいとはいっても、自分が心から納得していないのに、口先だけで「自分は運が

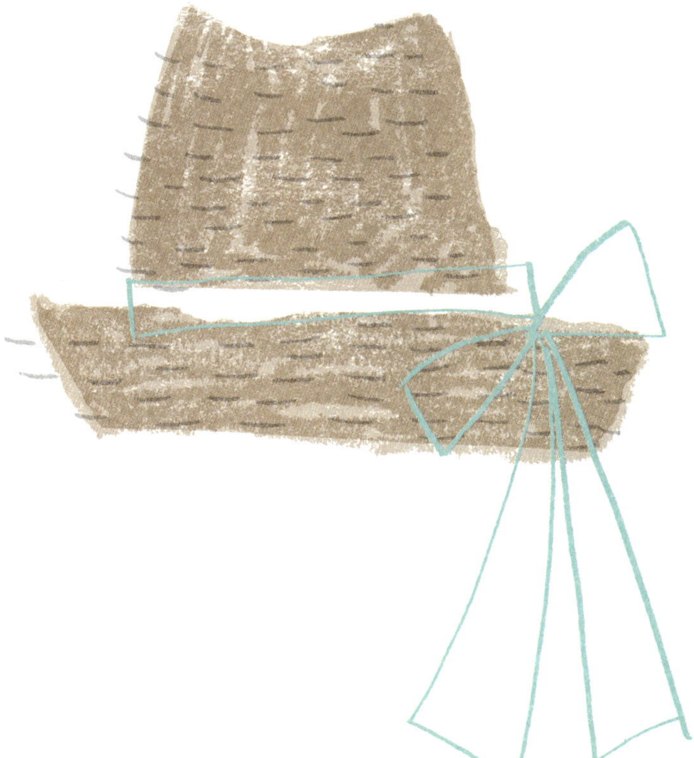

いい」「自分はなんでもできる」と言い続けても、それはなかなか潜在意識にまで入っていってくれません。ですから私は、そんな不自然なやり方ではなく、あなたが心から素直にできる、いい言霊の使い方をアドバイスしたいのです。

「ごく些細な、当たり前のことでいいから、それができたら自分で自分をほめてあげること」

たとえば、今朝は目覚ましが鳴る前に起きることができた。部屋にお花を飾ることができた。お風呂上がりにボディクリームを塗って自分をケアすることができた。きちんとお料理ができた。会社の同僚にありがとうと言えた——。そういうふうに何かポジティブなことができたときに、「私ってすごいなぁ」「私ってすばらしいなぁ」と、毎日、自分で自分をほめてあげる。そうすると、その小さな積み重ねがだんだん習慣化され、あなたは自然に、自分にも人にも、いい言葉＝言霊を使うことができるようになっていきます。それと同時に、あなたの心の中＝無限の可能性を秘めている潜在意識もどんどん浄化され、いい言霊＝幸せで前向きなことのみに満たされていく。すると潜在意識の働きで、あなたの周りは、幸せなよき人間関係、もの、出来事のみが引き寄せられてくる——。つまり、これが「いい言霊を使って潜在意識を味方につける」ということなのです。

そして、一度、そういうふうに潜在意識を味方につけてしまえば、あなたはもう毎日コツコツいい言霊を使い続けるだけでいいのです。潜在意識に、安心して身をゆだねるだけでいいのです。素直に信じれば信じるほど、あなたの中にある無限の可能性を引き出す潜在意識の働きは活性化し、あなたの幸せや望みを叶えるように、どんどん一生懸命働いてくれます。それをたとえれば——、赤ちゃんがお母さんを信じて安心して身をゆだねたとき、お母さんのほうはなんとしてもそんな赤ちゃんを幸せにしようとがんばるのと、同じことなのですよ。

どんな小さなことでも、
自分をほめてあげて。

「半歩」の歩みを大切に。

潜在意識を味方にするためには、「焦らないこと」も大切です。人に言えないぐらい心が痛くて、つらい。「一日でも早くこんな八方塞がりの状態から抜け出したい」というあなたの気持ちは、私も痛いほどわかります。でも、だからこそどうか焦らないでほしいのです。「一歩」ではなく「半歩」の歩みを心がけてほしいのです。なぜなら、一歩よりは半歩の成長のほうがじつは、あなたを盤石の素晴らしい世界に導く、最高の早道だからです。

小さな目標に向かって半歩ずつ進んでいく。そして、日々、半歩ずつでも小さな目標を達成して自分に自信をつけていくと、その自信や喜びが次の小さな目標を叶える原動力になってくれる——。それをコツコツ積み重ねていくうちに、気がつくとあなたの歩幅は自然に大きくなっていきます。すると、最初の半歩は永遠の半歩ではなくなり、あなたの半歩はどんどん大きくなり、あなたの成長も加速度的に早まっていきます。でも、最初から大きな目標を掲げて、大きく一歩進もうと思ってしまうと、なかなか達成できません。そうすると「ダメだ、もっとがんばらなくちゃ」と、自分を否定してしまう。自分を否定すると否定のエネルギーが潜在意識に届いてしまうので、前に進むどころか、どんどん後退してしまう――。これが「挫折」の大きな原因なのです。

だから私は、あなたには「一歩」よりも「半歩」進んでくださいね、とお願いしたいのです。そして、そのときはぜひ「もっと」ではなく「より」というふうにも思ってくださいね。なぜなら「もっとよくなる」と思うより「よりよくなる」というほうが自分を否定しないですむし、何より心が疲れないからです。

また、たとえ半歩でも、進むうちにはけもの道を行くことも、崖っぷちをさまようこともあるかもしれません。天候悪化で霧に視界をさえぎられ、予想以上に時間がかかることもあるかもしれません。

でも、大丈夫です。

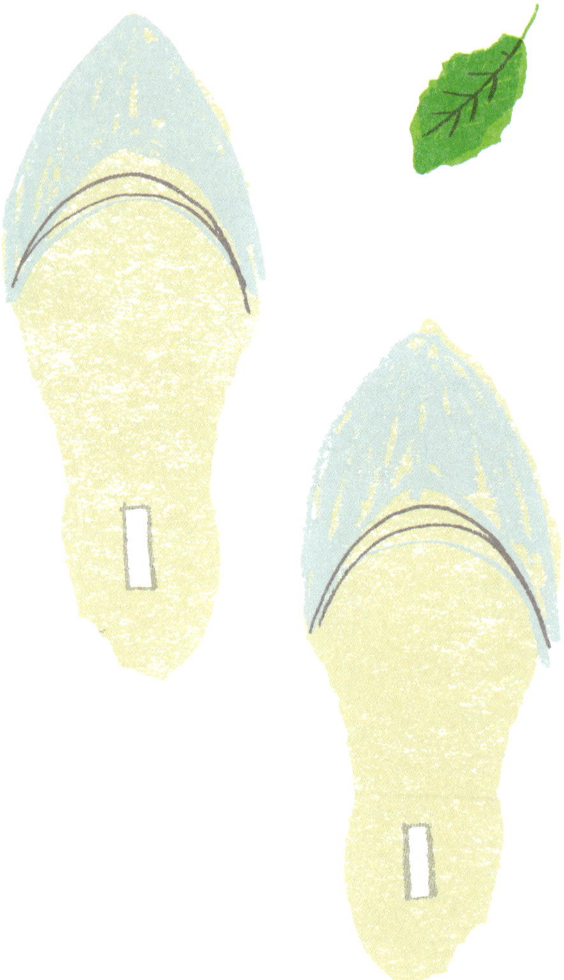

「半歩」ずつでも進もうと決めた瞬間から、あなたの心の中にある「コンパス」は行先をはっきり示しています。時間がかかってもその方角に向かって半歩ずつ進みさえすれば、必ず行きたい場所に到達できます。また、どうしても先が見えなくて不安になったときは無理に前に進もうとしなくても、ときには後ずさりしてもいいのですよ。大切なのは、あきらめないこと。夢や目標が達成したときをイメージして、心の霧が晴れたら、また半歩ずつ進んで行けばいいのです。美しくなるためには一回のエステよりも毎日の積み重ねが大切なように、「もっと」ではなく「より」の気持ちで、小さな半歩＝微差を積み重ねることが、本当に、あなたの心の痛みを癒し、幸せな世界に導いてくれる、最高最善の近道なのです。

あきらめさえしなければ、
ときには後ずさりしても
いいのですよ。

怒りやイライラを鎮める。

イライラしたり、怒ったりしているときも、じつは、あなたの心はとても痛み、苦しんでいると思います。でも、どうすればいいかわからない——。そんなときは、たとえば「第三者の自分を作る」ということを、やってみてはいかがでしょうか。

自分でもどうしようもないどろどろした感情の渦に巻き込まれてしまったとき、それはそのままでいいから、そんなあなたを上から見ている第三者の自分を作るのです。あるいは、怒っている自分をスクリーンの中に入れてしまって、それをもう一人の自分が眺めている、というふうなイメージを作るのです。そうすると、不思議なぐらい、感情がすーっと鎮まってくるはずです。

私の場合も、手術をするときには必ず、その「第三者の自分」のイメージを持つようにしています。たくさんの見学者がいるどんなに難しい手術のときも、一方ではごく緻密な作業をやりながら、もう一方では手術室全体を映像化してとらえています。そうすることで、たとえ予期せぬアクシデントが起こったとしても、イライラしたり怒ったりすることなく、つねに冷静に対応できるのです。

そして、そんなイメージは、毎日少しずつトレーニングすればあなたにも必ずできます。たとえば今日誰かとお茶をしながら打ち合わせをするとしたら、その人と話しているときの自分の服装や振る舞いをドラマや映画の1シーンのように映像化してイメージしてみるのです。さらにイメージができたら次は、飲んでいるときのお茶の温かさや匂いまで感じるようにしてみる。あるいは納得した相手の笑顔まで……。そうすると、あなたの五感はどんどん磨かれていき、どんなときもすぐに第三者の自分をイメージできるようになります。そして、それはイライラや怒りを鎮めるだけでなく、あなたの人生を成功や幸せに導いてくれることにもなるのです。

残念ながら、怒りは怒りを招きます。なぜなら、怒りは力（パワー）だからです。怒りという力によって相手を抑制し

たとき、作用と反作用の関係で、結局、その怒りは自分自身にはね返ってきてしまうからです。

でも、怒りは怒りを招くけれども、信頼と愛情も、同じく信頼と愛情を招きます。そして、信頼と愛情のほうが、人を動かすより強い力があります。これは、私の経験上も、本当に確かなことです。

だから――もし第三者の自分をイメージする方法であなたのイライラや怒りの痛みが少しでも和らいだら、この言葉をそっとあなたの心に語りかけてみてください。

「私は人に信頼と愛情を注ぎ、きっと、ますます信頼と愛情を招く人になっていきます」と。

あなたをクールダウンさせて
くれるのは、もうひとりの自分。

心が悲鳴をあげるまえに。

眠りたいのに寝られない。朝、起きられない——。そんなあなたは、日々、心に鈍痛を感じていることでしょう。しかもあなたは、眠れない、起きられないという自分自身をダメな人間だと責めてしまっているかもしれません。でも、どうかもう自分を責めないでください。眠れない、起きられないというような原因不明の体の不調は、あなたの体と心が「もうこれ以上、がんばらないでいいんですよ」というサインを出していると、気楽にとらえてほしいのです。人間関係や仕事において、もっとこうしなければいけない、ああしなければいけない、そんなふうにあなたの心をがんじがらめにしている「もっと〜しなければならない」というのを一度、すべて忘れる。そして、「あなたは何の努力をしなくても、そのままでいいんですよ」と、あなた自身にやさしく語りかけてほしいのです。

そうやって、これまであなたをがんじがらめにしていた「〜しなければならない」という感情から解き放され、心の痛みが少しでも和らいだら、今度はゆっくりと「どうすれば毎日、あなたが心から健やかで楽しい状態を作ることができるか」ということを、見つめ直してみてくださいね。

そうはいっても、人は楽しいことばかりできるわけはない。他の人はそう言うかもしれません。でも、それは錯覚です。たとえば「仕事が楽しくない」と思っているとしたら、その仕事に対して別の意味付け＝解釈をしてみる。楽しくないことをすることによって自分は成長した。成長というのは誰にとっても楽しいことですから、そこで楽しくない仕事が楽しいものに変わります。人間関係も同じです。「嫌な人に会って楽しくない」、それを嫌な人に合わせられるまでに自分は成長したと意味付けすれば、嫌な人に会っていた時間は自分が成長していた時間となるので、これも楽しくなるのです。

それでも、どうしても自分の価値観と合わないと思ったら、遠慮なくそれをあなたの人生から減らしてください。その代わりに少しずつでもいいので、楽しいものを増やしていく。

これまでは一日の80%を楽しくないことに当てていた。それを少しずつでも70%、60%、50%……と減らしていくうちに、気がつくとあなたの一日は楽しいことが大半になっている——。これが、あなたの心に健やかさを取り戻すための時間管理のコツです。また、そうやって時間管理をして、あなたの心の中でストレスになっているものを減らし、新しく幸せを感じるものを入れていけば、気持ちもどんどん変わってきます。そして、気がつくと、眠れない、起きられないという悩みも、どこかに消えてしまっているはずですよ。

自分を苦しめてまで、
「しなければならないこと」なんて、
ひとつもないのですよ。

ストレスとの付き合い方。

仕事や人間関係のストレスを抱えて疲れはててしまっているあなたはきっと、人一倍、真面目でがんばり屋さんなのだと思います。ですから、まずはそんな自分を思いきり抱きしめてほめてあげてください。そして、少し心の痛みが和らいだら、今度はぜひ、あなたにいいエネルギーを与えてくれる人や場所と接するようにしてみてほしいのです。

ストレスを感じている状態というのは「今、あなたは心身ともにエネルギー不足になっていますよ」という神様からのサインです。だからそんなときは素直にそのサインに従って、少し贅沢をして眺めの美しいホテルのラウンジでお茶をするとか、心地よくなる人に会うとか、おいしいものを食べるとか、心と体に楽しいエネルギーをたくさんチャージしてあげ

ること。なぜなら、それらのことはじつは、ストレス解消というだけでなく、あなたの魂が成長するためにも、とても大切なことだからです。

私自身は、どんなに仕事が多忙でもほとんどストレスを感じたことがありません。それはなぜかといえば、自分にとっていいエネルギーを与えてくれる人や場所と触れ合う時間を、素直に最優先しているからです。

とはいえ、特別なパワースポットなどに行く必要はありません。自分がそこにいて心地いいなと思えるカフェ、公園、お洋服屋さん……、そここそが、あなたのパワースポットです。あるいは自分のお部屋を心地よいパワースポットに変えてしまってもいいかもしれません。たとえば、好きなお花やきれいな写真、かわいい雑貨……そういうものを置くことでそこはあなただけのパワースポットになっていく。大切なのは、誰かに「パワーがあるよ」と言われたものでなく、パワーをもらえるとあなた自身が信じられるものであること。信じること、思い込みは、幸せになるためにはなかなか重要です。ですから、あなたがそこをパワースポットと本当に思えば、そこはすべてパワースポットになり得るのです。

また、人一倍、ストレスを感じやすいあなたは、自分を甘やかすことが、不得意なのかもしれません。そんなあなたには、このこともぜひ忘れないでほしいな、と思います。

あなたの魂は、試練や困難なことを乗り越えるだけで成長するのではありません。幸せや喜びもあなたを成長させてくれる大事な要素です。ですからどうぞこれからは「自分だけがこんなに幸せでいいのかしら、怠けていいのかしら」などと思わずに、もっと堂々と思いきり、自分自身に幸せや喜びをどんどん与えてあげてください。

そうすれば、あなただけでなく、あなたの仕事や周りにもきっといい影響が広がっていくはずです。

自分を思いっきり、甘やかしてあげて。

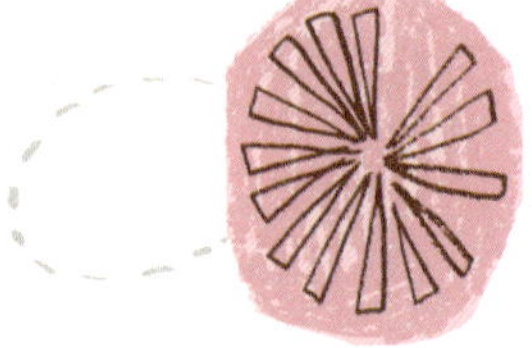

「うつ」という宝物。

うつになり悩んでいるあなたは、ほんとうに繊細で真面目でいい人だと私は思います。繊細で相手に対する気配りがあるからこそ、心がくたくたに疲れてしまった。そんなあなたは、私から見れば「こんなに真面目ないい人はいない」のです。ですから、今、世の中で元気に働いている人は、鈍感でズボラな人ばかりなんだというぐらいに思って、どうぞ安心して、ゆっくり心の休養をとってください。だって、あなたは今のままでほんとうにすてきで、すばらしいのですから。

また、そんなあなたはもう自分を責めることも、やめてください。そして「今のままでいいんだよ」と自分で自分を抱きしめてあげてください。うつに悩んでいるあなたはきっと、他の人にない役割を担っています。ストレスを抱えていない

人よりも、それほどストレスを抱えたあなただからできることが、きっとある。他の人だと伝わらない言葉も、あなただったら同じように傷ついている人に伝えることができるし、あなたにしか救えない場面も、きっとある。うつという大変な経験をしたあなたは、他の人にない魅力があるということ。つまり、あなたは今のそのままで、ほんとうにすばらしいのです。

そして、たとえば薬のことでも「自分は薬漬けになっているのではないか」と自分を責めるのもどうかやめてください。薬が必要なのは、別にうつの人だけではありません。心臓の悪い人も腎臓の悪い人も、みんな薬を飲んでいます。それと同じです。うつのお薬も、サプリメントのひとつとしてお付き合いする。それぐらいのイメージでいいのです。

また、家族や恋人など大切な人がうつになってしまったあなたも、もう「大切なその人に何もしてあげられない自分」を責めないでください。むしろ、何もしないほうがいいのです。そして、ぜひこのことも忘れないでください。それは、うつになったり病気になったりして回り道をして遅れるということは、じつはとてもすばらしいことだということ。なぜなら、遠回りは一見、無駄なようですが、じつはそれこそがその人の奥深い魅力をつくる、人生の宝物だからです。

ですから、私も遠回りが大好きです。たとえば何かの調べものをするときも、パソコンで楽に調べるよりは、遠回りでも辞典でじっくり調べます。そのほうが、自分により多くのものを与えてもらえる、自分をより豊かに成長させてくれることを知っているからです。

うつになったことも失敗も挫折も遠回りも、すべてはほんとうにすばらしい。ですからどうかあなたも、そうやってあなたの大切な人を心の中で思いきりほめて、そのままで受け止めてあげてくださいね。

遠回りは、
あなたの魅力を深めてくれる宝物。

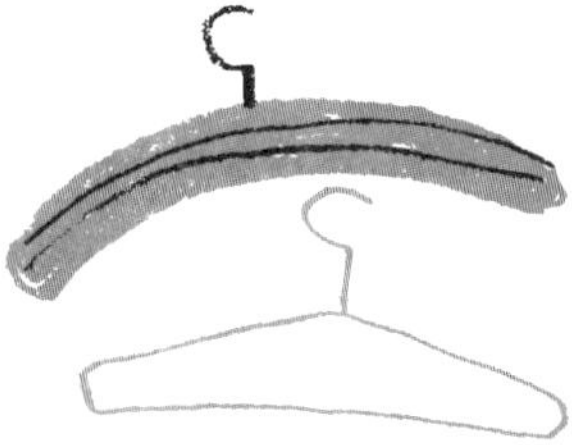

嫉妬の苦しみから自由になる。

誰の心の中にも潜んでいる、どうしようもなく心を痛めつける嫉妬の思い——。人が誰かに嫉妬するのは、いったいどんなときなのでしょうか。

きっと、多くの人が誰かに嫉妬を感じるのは、相手に比べて自分が劣っていると思うときです。たとえば、あの人は自分より仕事ができる。あの人は自分よりお金を持っている。あの人は自分より美しく人に好かれる。恋人も美貌も何もかも、あの人は私の持っていないものすべてを持っている——。けれども、そうやって他者と比較することであなたは、あなたの中にある無限の可能性を自分自身で失くしてしまっているのです。なぜなら、他者と比べているときのあなたの価値観は「相手とあなた」という、ごく狭い世界になってしまっているからです。

　そして、それは本当にもったいないことです。

まず、嫉妬をすると感情が乱れます。そして、その乱れた感情から起こったネガティブなものばかりを自分の現実に引き寄せることになります。何よりも、嫉妬はあなたのすばらしい可能性をとどめてしまう。ですから私は、今、嫉妬の炎の中で苦しんでいるあなたに「どうか今の自分をすべて認めて肯定してあげてください」と言いたいのですね。

　大きな目で見れば、あなたは必ず、嫉妬の対象である人にはない、あなただけの輝かしい可能性を秘めています。けれども、あなたが「あの人に勝ちたい」という小さな価値観にこだわっていると、それは発揮されないままになってしまいます。つまり、あなたは嫉妬によって、あなたの無限の可能性を小さく小さくしてしまっているのです。

　ですから、嫉妬に時間を費やしそうになったら、まずは思いきり自分の可能性を肯定してあげてくださいね。そして、少しでも心の痛みが和らいだら、その時間をできるだけ自分の長所、魅力を伸ばすほうに向けるようにしてみてください。もしどうしてもそれができなかったら、嫉妬する人を見ないですむほうに自分のフィールドを変えることもいい方法だと

思います。

また逆に、人から理不尽な嫉妬をされて傷ついているあなたは、これは自分の成長をより促すための神様からのサインだと思ってくださいね。人に嫉妬することも苦しいけれど、人から嫉妬されることも本当につらいこと。ですから、嫉妬を受けたときも、自分を、一切責めないでほしいのです。そして、ああ、私はもうこういう嫉妬が届かない次のステージに成長するときが来たんだな、これはそのための神様からのサインなんだなと受け止めて、あなたらしく堂々と進んでいってほしいのです。そうすれば、あなたの心の痛みは癒え、あなたの心は自然に無理なく、あらゆる嫉妬の炎から遠く離れた、無限の可能性に満ちた平和で美しい場所に辿りつけているはずです。

嫉妬から自由になれたとき、
あなたの可能性は
もっともっと広がりますよ。

今日のあなたを愛せるように。

既婚、未婚にかかわらず、20代、30代、40代、50代……と年を重ねるにつれ、自分の人生はこれでよかったのだろうか、もしもあのとき別の道を選んでいたらと、ふと思ってしまう――。そんな悩みから、人に言えない心の痛みを感じている人は、きっと多いと思います。

そんなあなたにまず知ってほしいのは、そもそも誰の人生においても、失敗はないということです。また、人生の幸せとは絶対に「結婚する・しない」でもなく、「子供のある・なし」でも「仕事のある・なし」でもないということです。

「そうは言うけれども、私はもっと別の人生を歩いてみたかった」。あなたは心の中でそう思うかもしれません。でも表面的な感情ではそう思っているけれども、本質的なところでは、じつはそうではないのです。なぜなら今のあなたの人生はすべて、あなたの本質＝魂が「あなたをより幸せに成長させる」ために望んだベストの結果なのですから。

ですから、どうかあなたの今の人生を素直に認めて、すべてを丸ごと肯定してあげてください。自分が選んだ道に対して「もしもあのとき、ああしていたら……」と、自分を疑い責めることはもう一切、必要ありません。そうして、今、その場所に立っているあなたを思いきり抱きしめて、「よくやったね。よくここまでしっかり生きてきたね」と自分で自分をほめてあげてください。

そうすると、いつの間にかあなたの心の痛みは消え、それにつれ、どんどん人生が楽しくラクになるはずです。そうすれば、そんなあなたの心の豊かさがより幸せな人生をどんどん引き寄せてきます。それこそ、あなたのすべてを肯定してくれるよき人間関係も、仕事も、恋愛も、家族も──。あなたの幸せは、あなたとあなたの今の運命をそのまますべて認めたときに、必ず訪れます。なぜなら、あなたは今のそのままで、そこに生きているということだけで、すべてが正しく、すばらしいのですから。

また、それでも分岐点で迷ったときは、「憧れの人生モデル」

を見つけることもおすすめです。たとえばあなたが今、ひとりであるなら、自分の憧れのひとりで生きている女性を見つけて、その人がどんな価値観をもって、人生の不安に対してどういうふうに取り除く準備をしているかということを学ぶ。そうすれば、なるほど、こんなすてきな女性がこういう生き方・考え方をしているのなら、自分もそうしていこうと、自分の選択に自信がつくはずです。

ものごとに対する見方を変えると、人生は大きく変わります。どんな問題も、試練や失敗ととらえるのではなく、「成長のチャンス」と考える。そうすれば、あなたの人生からは失敗も不幸も一切、なくなる。成長と幸せだけが続いていくはずですよ。

過去の選択を
ベストの選択にするのは、
これからのあなたですよ。

年齢を重ねることを恐れないで。

もしもあなたが今、年齢を重ねることに恐怖や諦めを抱き、人生のはかなさに心を痛めているとしたら——。私はぜひ、この事実をお伝えしたいのです。

潜在意識の働きに、年齢は一切、関係ありません。

だから、今からはもうあなたの中にある無限の可能性を年齢で制限してしまわないでください。そして、今のあなたの美しさにもっと自信と誇りを持ってくださいね、と。

私は、女性の美というのは歳を重ねていくほどに増すものだと思っています。もちろん10代や20代には、若さの魅力があります。けれども30代になると、仕事を少し成し遂げたり、苦労してきた中で培われた魅力が出てくる。さらに40代、50代、60代、70代、80代と進むにつれ、さらに、さまざまな人

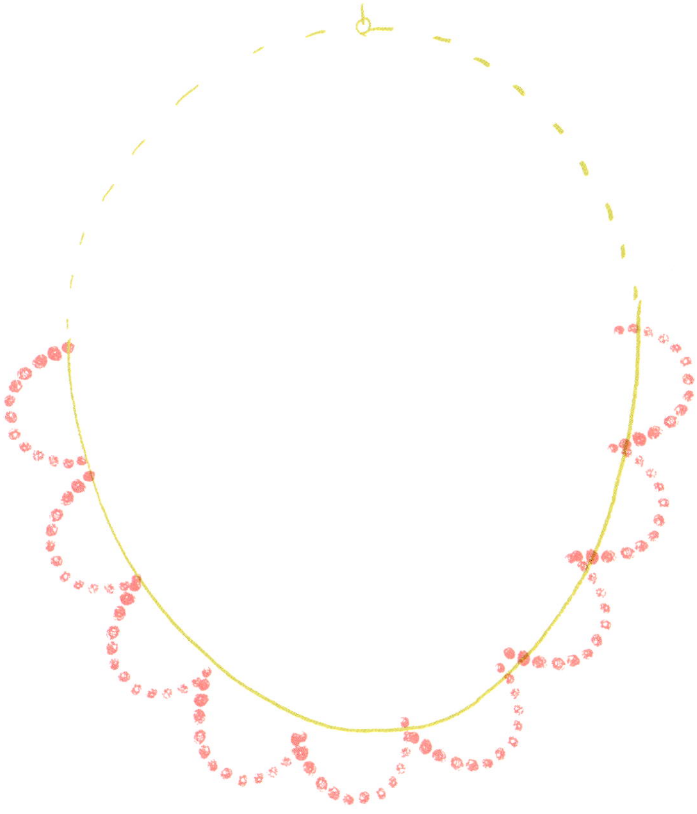

生の経験を積んだ、内面から滲み出る奥深い魅力がどんどん増してくる――。

フランスの伝説的な女性デザイナーであるココ・シャネルが遺した言葉に「若いときの顔は神様が与えてくれたもの、50代の顔はその人自身が獲得したものだ」というものがありますが、私もまったくその通りだな、と思うのです。

たとえばアウンサンスーチーさんやヒラリー・クリントンさんなど世界で活躍している女性たちは、本当にとても輝いていて魅力的です。容姿だけでいえば彼女たちよりも若く美しい人はたくさんいるかもしれませんが、彼女たちの「時代に生きている姿」というのは、表面的な容姿をはるかに超えた魅力を放っています。つまり、自分の心のあり方を追求して、そのときそのときを精一杯生きている姿というのは、年齢に一切関係なく、美しく魅力的だということなのです。

そして、そういうふうに内面から放たれた魅力は、多くのよき人、よきもの、よき出来事をどんどんどんどん惹きつけるのですね。

ですから、どうかあなたもこれからは「もう○○歳だから――」と自分を否定し、諦めないでください。これまでのあなたの人生は「すべて正しい」のですから、あなた自身でそれを認めて優しくほめてあげてください。

そういうふうにあなたが「年齢の呪縛」から解放されたとき、あなたの周りには、同じように、年齢から解放されたよき人、よきもの、よき出来事だけがどんどん引き寄せられてきます。それが、潜在意識の働きなのです。

すべては年齢ではなく、あなたの心だけの問題です。あなたが自分を抱きしめ、今の自分はすべてが美しい、正しいと認めてあげたとき、あなたの人生は必ず、いつまでも無限の可能性をもって輝きながら広がっていくはずです。

何かをするのに、
遅すぎるということは、
何ひとつありませんよ。

過去の痛みを洗い流す。

人は誰でも思い出したくない過去があるものです。忘れよう、忘れたいと思っても、ふとした瞬間に、人には言えないような忌わしい、恥ずかしい失敗の過去を思い出して、頭を抱えてしまう——。

でも、これからはもうあなたの心をその痛みから解放してあげてください。そして、そのためのベストな方法が、過去の意味づけを変える＝クリーニングすること。これさえやれば、あなたの心はきっと、どんなつらい過去からも自由になるはずですよ。

一般的に人間の心理は、不安や恐怖など悪いことのほうをより強く記憶するようになっています。ですから、いくら良いことだけを思おうとうんうんがんばっても、ついつい悪い

記憶のほうを思い出してしまうのです。でも、どうか安心してください。そして、自分はマイナス思考だからダメだと焦らないでください。そんなときは、無理によいことを思おうとするのではなく、その記憶に新たな意味付けをしてあげさえすればいいのです。

過去に人に裏切られた。死ぬほど悲しい失恋をした――。その過去を忘れようと目をそらすのではなく、一度、あるがままに受け入れて、それから客観的に解釈してみる。そうすれば、それらの失敗や痛みを知ったことであなたは、あなた自身がどれだけ成長し、魅力的なやさしい魂になれたかに気づくはずです。なぜなら、痛みは魅力だからです。だから人は昔から、何の苦労もなく何も考えずに生きてきた人よりも、失敗や挫折を力に変えた人の言葉のほうにはるかに心を動かされるし、惹きつけられるのです。つまり、過去の失敗も、解釈を変えれば、あなたの魅力を引き出し、輝かせてくれるもとになってくれているのですよ。

そして、そんなふうに思うことができたら、これまであなたにとって悪い意味しかないと思っていた過去は、必ずいい意味に、プラスの出来事に変化しているはずです。そうすれば、もう過去のクリーニングは完了です。その後、あなたがどんなにその過去を思い出したとしても、プラスのいい意味づけが与えられたその過去が、あなたを苦しめることはありません。あなたはもう、その過去から完全に自由に解放されたのです。

よく言われる「過去を清算する」という本当の意味は、過去の意味づけをすべてプラスのほうに変えていくことです。「すべては自分の成長のために起こってくれたものだ、失敗も痛みもすべてはいいことなのだ」と――。

そして、そんなふうにすべての過去をクリーニングし、いい意味づけに変えたとき、あなたはきっと、人を惹きつけずにはおかない、輝かしい魅力を湛えた人生の成功者に変わっているはずです。

過去の痛みも失敗も、
意味づけを変えれば、
すべてあなたの糧となりますよ。

別れに傷ついているあなたに。

誰の人生においても、「別れ」は必ず訪れるものです。井伏鱒二の名訳「花に嵐のたとえもあるさ　さよならだけが人生だ」の言葉どおりかもしれませんね。

とはいえ、大切な人との別れや失恋を引きずっている人はとても多いし、その心は本当に悲しく、寂しいことだと思います。しかも、そんなあなたはもしかしたら、いつまでも終わった恋を忘れられない自分を責めているのではないでしょうか？

もし寂しくてつらいなら、自分を責めることは一切やめて、思いきって一晩泣き明かしてみてください。そして、少し気持ちがスッキリしたら、次はぜひ、「別れ」の意味を考え直してほしいのです。

別れは自分からすることもあれば、相手から一方的にされることもあります。でも、どちらのケースにしても、別れとは、新たな出会いのための「通過儀礼」です。あるいは、自分をリセットするいい機会でもあります。ただし、リセットといってもまったくのゼロになるわけではありません。ゲームでいえば、一面をクリアしたということ――。別れや失恋は、「さあ、もうワンランク成長するために、あなたは次のステージに行ってくださいね」という、神様が与えてくれたすばらしいチャンスなのです。

でも、せっかく神様が与えてくれた次のステージが待っているのに、「つらい」「寂しい」というような後ろ向きの感情を引きずったままでは、せっかくの新しい流れに乗ることは、なかなかできません。ですから、あなたには、そのチャンスをムダにしないでほしいのです。

冷静になって過去の恋愛を見つめ直してみると、そこには「別れた理由」がきっと見つかるはずです。価値観の違いから喧嘩したこと、思いやりのない言動に傷つけられたこと――。もしその恋愛や関係が長引いていたら、あなたはもっと深く傷ついていたかもしれません。今より幸せになれなかったかもしれません。つまり、失恋や別れとは、あなたの魂を成長させ、より幸せな人生に移行させるために、ベストの選択でもあるんですよ。

それに気づくことさえできれば、あなたはもう大丈夫です。そして、大丈夫になったら、どうか別れた人に心の中で「ありがとう」と、素直にひとこと感謝してみてください。感謝することで、あなたの感情は、より完全にリセットされるはずです。

成長するためには、別れは必然の出来事です。しかも、別れを感謝する人には、夢と希望に満ちたすばらしい出会いが待っています。潜在意識の働きにより、成長したあなたの魂にふさわしい器の大きな人が、きっと引き寄せられてくるはずですよ。

別れを感謝し、
成長に変えられたら、
いつか、またぐり会いが訪れますよ。

運命の人に出会えない。

とくに結婚願望がないわけではないのに、いい出会いに恵まれない。あるいは、今の恋人にいまひとつ満足しきれない。私はこのままずっと自分にぴったりの運命の人＝ソウルメイトに出会えないのだろうか——。そんなふうに悩み、心を痛めているあなたは、とても純粋で心のきれいな人だと思います。なぜなら目に見えない世界に目を向けることができる感性を持つというのは、心と魂の成長にとっても、とても大事なことだからです。

けれども、そんなあなただからこそ、ひとつだけ気をつけてほしいことがあります。それは、「運命の人＝ソウルメイトとは誰かに決めてもらうのではなくあなた自身で感じるものだ」ということです。

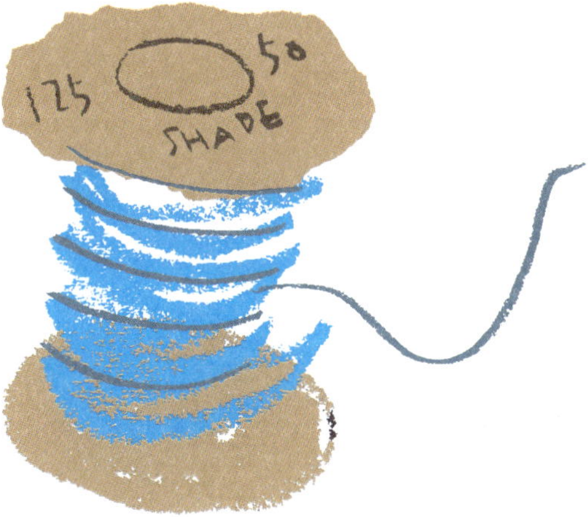
125
50
SHADE

COTTON
140

私の知人の女性が「見える」と評判の霊能者のところに相談に行き、「この人があなたのソウルメイトです」と言われた人とつき合って大変なことになったことがありました。私はそのとき、「見える」ということを鵜呑みにすることはとても危険なことだと痛感したのです。

それに、運命の人＝ソウルメイトというのは定義付けするものでもないと、私は思うのです。それは出会って、つき合っていく中で、「ああ、この人はとても価値感が合うな」「この人と一緒にいるとなぜか懐かしい安心した感じがするな」というふうに、あなた自身だけが感じられるものです。どんなに信頼できる人であろうと「あなたのソウルメイトは○○さんです」と決めることはできないはずのものなのです。

もし仮にソウルメイトであっても、価値観が合わなければ絶対に上手くいきません。私の知人の女性も、ソウルメイトだと言われてつき合った男性とは結局、価値観が合わなくて別れてしまったそうです。あなた自身の感覚を大切にする、これがいちばんだと思いますよ。

これまで出会いに恵まれなかったあなたにも、大丈夫、必ずいい出会いがやってきます。けれども、そのためにはただじっと待っているだけではなく、「半歩」だけでいいので、自分から動いてみてください。たとえば、楽しそうな集いにはちょっとでもいいから参加してみる。たとえば、家に価値観の合う友だちを招いてホームパーティーをしてみる。そんなふうに半歩ずつでも自分が楽しいと思うことに進んでいくと、潜在意識の働きで、ますます楽しく心地よい出会いがどんどん引き寄せられてきます。そして、その延長線上にはきっと、あなたにとっての本当の運命の出会いも出てくるはず――。

「楽しいところには楽しい人たちが集まる」「類は友を呼ぶ」というのは、脳科学的に見ても事実なのです。

運命の人を決めるのは、あなた自身の感覚だけ。

しあわせな恋愛を引き寄せる。

過去の恋愛を振り返ってもどれも苦い思い出ばかり。もしかしたら私はいい恋愛ができない星の下に生まれてきたのではないのだろうか――。もしもあなたが今、そんな不安にかられ、ひとりぼっちの長いため息をついてしまっているとしたら、それは本当に寂しくつらいことだと思います。

でも、たとえこれまでの恋愛がどんなに苦いものばかりであったとしても、一切、気にする必要はないのですよ。それらはすべて、これからあなたがすてきな、幸福な恋愛をするためのトレーニングだったのですから。だから、まずはこれまでのあなたの恋愛をすべて認めて、肯定してあげてください。すべてはよくなるためのプロセスだった、本当によくがんばったね、と。

そして、あなたの心の痛みが少し和らいだら、次は、幸せな恋愛をするためのイメージトレーニングをしてみてほしいのです。

自分が理想的だな、こんなふうな恋愛がしたいなと、観ていてハッピーになれるような恋愛映画や恋愛ドラマを観る。あるいは、自分にとって理想的な恋愛をしている人の話を聞いたり、本を読んだりする——。そういうふうに、自分の中にどんどん幸せな恋愛のイメージを植えつけていくこと。それが、じつはすてきな恋愛を引き寄せるためには、とても有効なイメージトレーニングになるのです。

人の行動は、95％〜99％の潜在意識に司られています。ですから、その潜在意識をどうやって鍛えるか、いいもので満たしていくかが、人生にすべての幸せをもたらす最大の鍵なのです。

私もかつて、不慮の交通事故に遭遇したこともありました。しかし、その状況を素直な気持ちで受け入れ、それ以前に思い描いていた自分の成し遂げたい思いを諦めたくないと、それを試練ととらえず、自分自身の潜在意識を鍛える、ということを徹底的にやりました。それこそ、体中の細胞、DNAまですべて、いいもの、いい言葉、いいイメージだけに書き換えてしまおうと、自分を成長させてくれるようないい本、いい話、いい言葉ばかりを、読み、聞き続けました。そうして、よりよい結果を求めることで、よりよい人生を得られるようになりました。ときには「奇跡」と驚くような出来事までが実現していったのです——。

ですから、今、すてきな恋愛をしたい、幸せになりたいと願っているあなたにもぜひ、いい映画やいい本、いいエネルギーの人やいい環境にたくさん触れることによって、潜在意識を鍛えてほしいのです。そうすれば、たとえこれまでどんなに悪いものがあったとしても、それはすべて浄化され、置換されて、必ず、いい潜在意識に変わります。そして、そのとき、あなたはきっと、すてきな恋愛ができる「しあわせ体質の人」に変わっているはずです。

まずはしあわせな恋愛を
イメージすることから、始めてみよう。

夫婦の絆を深めるために。

愛し合って結ばれたはずなのに、近ごろはいつも相手に不満ばかり抱いてしまう、もしかしたらこの結婚は失敗だったのだろうか。それとも自分のほうが悪いのだろうか――。そんな悩みを抱えているあなたの心はきっと、とても苦しいことだと思います。

でも、夫婦の問題で、自分を責めることはもうやめてください。これまでの選択も、今、起こっている状況もすべては正しいのだと、まずは自分で自分を認めてあげてください。そして、心の痛みが少し和らいだら次に、あなたにとっての理想の夫婦とは何かをもう一度、見つめ直してみてほしいのです。

理想の夫婦とは人と比較できるものではありません。自分

たちの幸せというのは自分たちだけが築きあげられるもの。人と比較できるものは何ひとつないのです。たとえば、人と比較してご主人が出世しないとしても、それは見方を変えればそれだけご主人の人が良いということかもしれません。お友だちのご主人はやり手で出世はしているけれど、仕事仕事で家族を省みないし、心を許せる友だちもいない。そういう人は出世の波に乗っているときはよくても、そこから外れた途端、さーっと人もいなくなり、すごく孤独になってしまう。私の知っている銀行員の男性にもそんな人がいました。そして、結局、その人は定年を前に、奥さんから熟年離婚をされてしまったそうです。一方、出世はしないけれど、人が良く友だちや家族の時間をずっと大切にしていた銀行員の男性は、定年後も家族仲良く、いつも友だちに囲まれた、明るく豊かな人生を送っています。

ですから、他人を見て憧れるのではなくて、いかに自分たちの中でいい夫婦関係を築いていくか。あなたにとっての本当の幸せの価値観とは何か。どうか、そのことをもう一度、ゆっくり見つめ直してみてくださいね。でも、それでもどうしても価値観がずれてしまったときは、別れることをためらう必要もないと私は思います。なぜなら、夫婦間の価値観が違うことほどお互いを不幸にすることはないからです。

また、あなたにとっての理想の夫婦の絆を作るためには、夫婦共通のミッションを作ることもおすすめです。そのミッションは、ごく小さなものでいいのですよ。たとえば「私たちはどんな困難でもつねに話し合い、お互い同じ方向を向き、助け合い、幸せな人生を築き上げることを私たちのミッションにする」。それだけでもいい。でも、そうすれば、たとえば「最近、仕事にかまけて家事や育児に協力してくれない」と不平が募ってきたときも、「子どもがほしい、ほしくない」で喧嘩になったときも、二人で「あれ、私たちが結婚したミッションって何だったっけ？」ということに立ち返ると、意外にスムーズに乗り越えられたりするはずです。

夫婦共通のミッションは、
ふたりの絆を再確認させてくれますよ。

親子の関係に悩んでいたら。

親子の関係というのは、いくつになっても難しいものですよね。親と子、とくに母と子の絆というのは、医学や科学でも解明できない不思議なエネルギーをもっていますから。

たとえば、親孝行。「しなければならないもの」と思わなくていいと私は思います。したければすればいいし、したくなければしなくていい。重要なのは、親孝行をするかしないかでなく、親に対してどう思っているか、というあなたの感情なのですから。

また、子どものころ親に十分なことをしてもらえなかったと感じている人もいるかもしれません。「親にしてもらえなかったこと」というのは誰しもあるでしょうし、すべてが満たされることはないと思いますから。

けれども、こうも考えられませんか。「してもらえなかったこと」というのは、ある意味「あなた自身がしてあげなさい」と気づかせてくれるメッセージ。たとえば、自分が子どもに「してあげられること」でもあるのではないかな、と。「されたこと」を感謝に変え、「されてないこと」を反面教師として力に変えたとき、あなたは両親を通じて100％すばらしい親になれるのではないでしょうか。

完璧な親はいません。もしも完璧なおかあさん、完璧なおとうさんがいたとしたら、かえって子どもは成長しないのではないかと私は思います。愛情も物質も何もかも与えられると、人はつい感謝の気持ちを忘れてしまう。いろいろ与えられることが当たり前になってしまって、小さなことに感謝できない人間になってしまいます。

欠けているからこそ、与えられることに対して、より深く感謝できる。物事への感謝の度合いを深めることは、あなた自身の幸せにつながります。感謝している人には、きっと与えられるものがあります。ですから、もしもあなたが完璧な親に育てられたとしたら、あなたの魂は今のように成長していなかったのではと思うのです。

こういうふうなとらえ方を一つ一つ積み重ねていくことに

よって、今は凍りついている関係性も溶かしていくことができます。いつか、その人と親子だったということの幸せや大切さに気づくときも来るかもしれません。

それは、もしかしたら親が亡くなったあとになってしまうかもしれません。大事なのは、早いか遅いかでなく、あなたのなかにそういう感情が芽生えるときが必ずあると信じることです。そして、それを信じることができたとき、あなたの心はより自由になり、親との関係も自然によいものに変わっていき、あなたの心の雪解けもきっと早くなりますよ。

完璧な親はいません。
それを許せたとき、
あなたの魂は大きく成長していますよ。

お医者さん選びで
心を痛めているあなたに。

「いい歯科医院や病院は、どうやって探したらいいのでしょうか？」これは、私が全国に講演に行くと必ず聞かれることです。つまり、それだけ多くの人が歯医者や病院探しに心を痛めているということ。それは歯科医師である私にとっては、見過ごすことのできない問題です。

残念ながら、今、医療の現場はあなたにとって満足できる状態といえないかもしれません。患者さんの気持ちをしっかり受け止めて、その心を軽くしてさしあげた上で、技術的にもベストを尽くし、正しい治療をしっかりやる。それが本当の治療です。医師としての義務です。でも心を大事にしてもらえていないと感じている患者さんも少なくありません。医師としての知識と技術に専念するあまり、患者さんの心まで

気持ちが及ばないのかもしれません。でも、私からすれば、患者さんの心までケアしてこその、医師だと思うんですね。

　ですから私はいつも、患者さんの心をすべて受け入れてから、こんなふうに申し上げるのです。

「どうか、治療に対する不安や恐怖を一度捨ててください。不安をそのままにしているのは、あなたの心の中に不安の種をどんどん膨らませることになってしまいます。ですから、今の不安な現状を変えるためにも思いきって治療をされたらどうでしょうか。私もできることはすべてやります。そして、もしもあなたが治療に満足できないときは、満足できるまでお付き合いさせていただきますから」と。

　そうすると、他の病院でつらい思いをした方などは、安堵のあまり泣き出される方もいます。そんな涙を見るたびに私は、なんとか医療という現場が、患者様と心の通じ合える、そんな世界になってほしい、それがこれからの自分のミッションだと心に誓うのです。

　ですから、もしあなたが今、心得違いの医師のために心を痛めているとしたら、そこに通うのはもうやめてくださいね。けっして多くはないかもしれないけれど、いい歯科医や病院は必ずあります。あなたが「自分は絶対にいい医師にめぐり会いたい」と強く思えば、潜在意識の働きで、必ずそれが引き寄せられてきます。また、そのとき、人の意見も鵜呑みにしないでください。あなた自身がその医師に感じたフィーリングが、「あなたにとってのいい医師」を見分ける最大のポイントです。しかも、そうやってあなた自身で決めれば、もし何回か通ううちに自分の判断が間違っていたとわかったときも、遠慮なくやめることができます。なぜなら、人は自分自身で決断したことで失敗しても、それほど後悔しないものだからです。

いい医師選びのためには、自分自身の強い思いを持ち、自分で選ぶこと。そして、本当にいい医師とは、あなたの心に寄り添い、その心の痛みまでとってくれるものだということを、どうか忘れないでいてくださいね。

本当にいい医師とは、
あなたの心に寄り添ってくれる
医師のことです。

あなたの大切な人がたおれたとき。

家族、恋人、あなたの大切な人が、不意の病やケガでたおれてしまった。そのことだけでもつらいのに、「介護」「看病」という問題にぶつかり、悩み、苦しんでいる人も、多いのではないでしょうか。

誰も協力してくれなくて、一人で大変な苦労をしている方もいらっしゃることでしょう。たとえば、親がたおれたのに自分以外の兄弟姉妹がまったく協力してくれず、だんだん家族を責める気持ちが湧いてくる。そんなふうに、介護の苦労と心の葛藤で、心を痛めることもあるかもしれません。

もし、あなたが今、大切な方のお世話に苦しんでいるとしたら、介護サービスなど頼めることは人に頼んで、まずはあなたの無理をできるだけ少なくすること。そして、あなたの心の苦しみが少しでも和らいだら、次は、その状況にいるあなたは実は幸せなのかもしれないと、思い直してみてほしいのです。

介護には苦労もありますが、そこには喜びも、まちがいなくあります。リハビリで手足が少し動くようになった、一口だけど食べることができた、そうした喜びを共有できるかもしれません。たとえ治らないとしても、その状況だからこそ交わせる言葉もあるでしょうし、あるいは言葉は交わせなくても、大切なその人とふれ合うなかで、ふいにその人との幸せな記憶がよみがえる……その時間は、あなたにとってかけがえのない時間になると思うのです。

何より、自分のできるかぎり一生懸命お世話したあなたは、たとえ大切なその人が亡くなっても、きっとその後も後悔のない人生を送ることができるのです。

介護できず「あのとき、もっとやってあげればよかった」と、深い後悔を抱えて生きている人も世の中にたくさんいます。だけど、あなたは、後悔のない生き方ができている。ですから、今、与えられていること素直に受け止めて、もし周りが協力をしてくれなかったとしても、それを責めることはもうやめて、今、あなたにできることを一生懸命やる。すると、

大切なその人は誰よりもきっとあなたに感謝するし、最後は周りの人も感謝せざるをえなくなる。それが、あなたにとってもあなたの大切な人にとっても、一番いいことではないでしょうか。

人生に起こることは何事も、まずは素直に受け止めること。そうすれば必ずあなたには、さらなる魅力と幸せがどんどん引き寄せられてきます。介護なら介護、親の面倒なら面倒を素直に受け止める、そんなあなたのやさしい姿に惹かれ、きっと、すてきな人もどんどん集まってきます。

感謝には必ず感謝が返ってくるように、あなたが素直にやることはすべて、何倍にも大きくなって返ってきます。そして、きっと後悔のない幸せな人生を輝いて生きることができると、私は心からそう信じていますよ。

与えられたことを
一生懸命やるあなたには、
きっと大きな幸せがやってきますよ。

大切な人の死を受けとめるために。

残念ながら、人にはその人それぞれの寿命があります。ですから、もしもあなたが今、大切な人の死に直面し、つらく悲しく心を痛めているとしたら、どうか「長く生きることだけが、その人の幸せではない」という価値観を心のどこかに持っていてほしいのです。そして、それがどんな形であろうと「死」という現実として起こってしまったときは、それはその人の寿命だったのだと受け止めて、あなたは自分の幸せを追求した明るく楽しい生活を送ってください。そして、折に触れて、大切なその人を思い出す——。それこそが、亡くなった人にとって最高に幸せな魂のあり方だと私は思うのです。

残されたあなたがいつまでも悲しみ、後悔していると、大切なその人もいつまでも天国で幸せな人生を送れません。あなたが悲しみから解放され、明るく幸せに生きていくことこそが、なくなったその人と共に生きていくこと。たとえ世界は違ってもともに手をつなぎながら最高の人生を生きる。「姿形はなくなっても魂が生きつづける」ということはきっと、そういうことなのだと私は思うのです。

また、あなたが大切なその人を忘れてしまいそうになったことで自分を責めてしまったときも「あなたを忘れない」……ひと言、そう言うだけで十分です。後に残された人間ができることは、それほど多くはありません。過去に戻って「ありがとう」「ごめんなさい」「大好き」「愛してる」と言うことができたら、どんなにかつらい後悔の思いから解放されることでしょう。でも、それはできない。できないからこそ、人は誰もそのつらさを抱えながら生きていかなければならないのです。

けれども、いつまでも苦しみや後悔にとらわれていることを、今は会えないあの人も望んでいるでしょうか。私はそうではないと思うのです。きっとその人は、あなたの幸せな笑顔を願っているはずだから——。

ですから、大切な人を失ったあなたには、もうこれ以上、

自分を責めないでほしいのです。そして、一日のうち一分一秒でも、もしもその人のことを思い出したら「あなたを忘れない」……と言う。それだけでほんとうに十分です。

あなたの中にはあなたしか知らない「あの人の記憶」がある。大切なあの人は、肉体の別れと引きかえに「記憶」というかけがえのない贈り物をあなたに残してくれたのです。あなたの中にその人についての記憶がある限り、あなたはこれからも大切なその人と一緒に生きていくことができる。それが、「あなたを忘れない」ということ——。私も、いつでもそうやって、たくさんの大切なあの人たちと一緒に生きていこうと思っています。

**いる世界はちがっても、
大切な人は今もあなたの
そばにいてくれますよ。**

悲しみを抱きしめて。

人はどんなきっかけで、悲しみの底から立ち直り、前を向いて歩き始めることができるのでしょうか。それはやはり、どんなことがあっても自分を責めないことだと、私は思うのです。

たとえば以前、こんな方がいらっしゃいました。自分の娘婿が仕事に悩んでいるのが可哀相でよかれと思って自分の会社に転職を勧めたところ、その人は会社を移った1週間後に不意に自殺をしてしまわれました。遺書には、前の職場でいじめに遭って悩んでいたこと、新しい職場でなんとかがんばろうと思ったけれど、そのトラウマからどうしても抜けきれなかったことが書かれていました。そして最後には「お義父さん、お義母さん、お気遣いいただき有難うございます。また、ご迷惑をおかけして申し訳ありませんでした。妻と子供をよろしくお願いいたします」と、本当に丁寧な字でしたためてあったそうです。遺書を読んだその方は、「よかれと思ってした自分が生真面目な彼を自殺に追い込んだのではないか」と、涙ながらに自分を責めておられました。

なんとかその方を悲しみから解放してさしあげたい――。考えた末に、私はその方にこんな言葉をかけました。

「悲しみをありのままに抱きしめたら、もうこれ以上、自分を責めるのはやめてください。自分を責めてもみんなの人生が好転することは何もありません。それよりは『娘と孫をいつまでも見守って、何かあったときにはどうぞ力を貸してくださいね』とお婿さんにお願いすること。いつまでもお婿さんを忘れないこと。それが婿さんの本当の供養になると思います。また、お婿さんの思い出とともに、娘さん、お孫さんを見守ることが、お母さんの愛情であり、お婿さんとお母さんの最高にバランスのとれた心の在り方だと思いますよ」と。

すると、その方は見違えるようにすっきりとした表情になられ、「そうですね、それでいいんですね、これからは毎日、娘と孫を見守ってくれるように仏前でお祈りします」と言って帰っていかれました。それから数年、最近、その方とお会

いする折には、成長したお孫さんの話を楽しそうに語ってくれます。自分を責め、もがき苦しんでいたときの影はすっかり消え、前向きに輝いた日々を送っておられます。

そんなふうに、悲しみをありのままに抱きしめて、自分を責めることをすべてやめたとき、その人は本当に悲しみの底から立ち直り、前に向かって歩き始めることができるのだと思います。ですから私はあなたにも、どんなことがあってもどうか、自分で自分を責めることだけは、決してしないでほしいのです。

もう自分を
責めないでくださいね。

「運命」と上手につきあう。

近頃よく言われる“言霊”というのは、医学的に見ても、やはりすばらしいものだな、と思います。なぜなら、使う言葉によって、生体のホルモンの出方も、本当に変わってくるからです。さらに、脳科学的に見ても、いい言葉を使っていい感情を持つことで生体のメカニズムがよい方向に変わる、逆に悪い言葉を使って悪い感情を持つと体全体も悪い方向に変わる、ということが解明されてきています。それが、いわゆる「言霊のメカニズム」です。

けれども、一方では、それがどこまで信憑性のある科学なのかと批判する人も、もちろんいます。現在の科学というのは万能ではありませんので、右の考え方をすれば、必ず左の考え方をする人も出てきます。そうして議論や研究を重ねて、最新科学が進んでいくわけですから、批判は批判でいいのですね。

ですが私自身はつねに「自分が楽しくなる選択が自分の科学だ」と思っています。科学だけでなく、何かの選択で迷ったときも、私はいつも自分の心に素直に聞いて「本当に自分を楽しくさせてくれるほう」を選択します。そして、これまでの経験上、それで間違ったと後悔したことは一度もありません。

また、科学だけでなく、占いとのつき合い方も同じです。私は運命学の師範の資格を持っていますし、バイオリズムのメンタルセラピストでもあるのですが、占いでもバイオリズムでもいつも自分が楽しくなる選択をするので、一切、悪いときがありません。たとえばインド占星術では今年の運勢はとてもいい、でも四柱推命ではとても悪いとなったら、今年は四柱推命は選択しない、というふうにする。そうすると、本当に一切、波が下がらない。運勢は毎年「上昇気流」に乗ったままです。ですから、もしもあなたが占いに興味があって、その結果が悪くて落ち込んでいたとしたら、それはまったく気にしないで大丈夫。つまり、占いでも自分で自分のいい波を作っていけばいい、ということなのです。世の中はす

Août 20
M 1
J 2
V 3
S 4

べてバランスでできているので、全部が同じように悪くなることは絶対にあり得ません。「悪い」と見えているときでも、それは見方を変えれば「良い方向性がある」ということです。ですから、科学でも占いでも「自分が本当に楽しい」と思うことを選択すること。それが、あなたの心の痛みを和らげ、幸せな人生に導いてくれる最高の選択法です。

物事はあまり深く考えないことも重要ですよ。とくに自分の専門領域以外のことは、いちいち細かいことにこだわるよりも思いきって楽天的に「自分が楽しいと思ったことが一番正しい」と、それを選択して人生の舵をとっていくこと。そんな開き直りこそが、人一倍、心やさしいあなたをより楽に、より幸せにしてくれる鍵だと、私は思います。

あなたが楽しいと思ったことが、いちばん正しい。

後悔なく生きるために。

不慮の事故や病気でなくなってしまった肉親や家族。別れてしまった友だちや恋人──。どんな人も、人生の中で、つらい別れを経験しないことはないと思います。そして、その人のことを思い出しては「あのときもっとこうしてあげればよかった」「どうしてもっと優しくしてあげられなかったんだろう」という後悔で自分を責め、心を痛めてしまう。私にも過去、そんな後悔の念にさいなまれたことがありました。そんなとき私が出会ったのが、アメリカの女流詩人ノーマ・コーネット・マレックさんの『最後だとわかっていたら』という詩でした。

〈もし、明日が来ないとしたら、わたしは今日、どんなにあなたを愛しているか伝えたい。──〉

彼女が幼くして亡くなってしまった息子さんを想って綴ったという、その愛に満ちた美しい詩は、私にとっては本当に衝撃的でした。そして、どうしたら後悔しない別れができるかについて、あらためて見つめ直してみたのです。

そこで、私なりに得た答えは、「やり尽くす」ということでした。誰かに対して、10できるところを5とか6とかしかしなかったから、たぶん後悔する。でも、8、9、10でもやりきれば、別れの寂しさは残っても、きっと後悔はしない。尽くして尽くして、私の人生のその時期はすべてをあなたに捧げた。そうすれば、たとえ別れが訪れて、その瞬間はものすごく心が痛んで悲しくても、そのあとは「自分はあれだけやったのだから」と、きっとその人は後悔しないで、よりよいほうへ進んでいける――。

ですから私も、今、どんな人と会うときにもいつも、そういう自分でありたいと思っています。誰かと上手くいかなくなって、言い合いになりそうになったときでも、「もし明日この人をほんとうに失ったら」と考えたら、言い合う気持ちはなくなる。もしも「今日で最後かもしれない」と思ったら、相手から与えてもらうのではなく、自分からどんどん与えていこう、できるだけ愛と感謝の言葉を与えようと、不思議に

そうできるようになる。そして、それを続けていくうちに、いつしか自分の心の中にあった、後悔のしこりもすーっと薄くなっている――。だからやはり、与えられるよりも与えることのほうが、本当に自分を幸せにすることなのだと、私は今、あらためて思うのです。

与えられることを待つよりも、自分からどんどん与えること。それがきっと、あなたの心の中にある後悔の痛みを癒す、もっともたやすくシンプルな処方箋です。そして、それができれば、あなたの恋愛も人間関係もすべてが、後悔のない、幸せなものに変わっていくはずですよ。

与えられることを待つのでなく、
自分から与えること。
そして、やり尽くすこと。

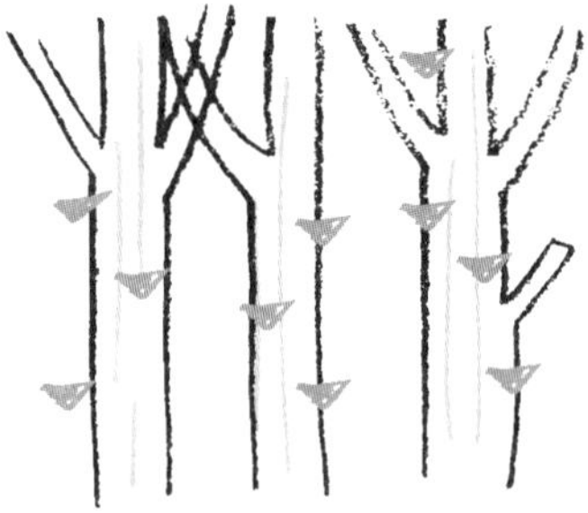

おわりに。

私はこれまで歯科医として、
患者さんの歯を治療するだけでなく、
最高の人生を築き上げるお手伝いをしたいと
思ってきました。私の持っているもの、
技術も英知もすべてを注いで、
患者さんの人生に最高の幸せを成し遂げるお手伝いを
したいと思ってきました。
たとえば年齢を気にしている女性には、
歯をきれいにすることで
10歳も20歳も若返らせてあげたいと全力を尽くします。
より明るく美しくなりたいという女性には、
笑顔トレーニングもしてさしあげます。
なぜなら、患者さんの願うことを全力で実現し、

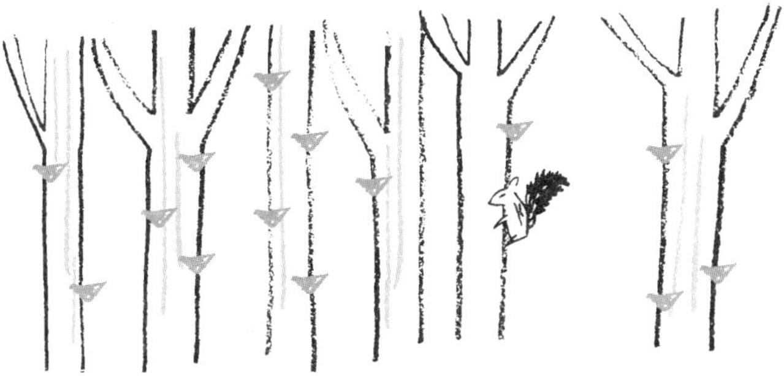

心のケアまでさせていただくことこそが、

本来の医師の役目だと思うからです。

そして、その考えはこれからもずっと変わりません。

この本が、少しでもあなたの心の痛みをとり除き、

癒し、あなたを、本来のすばらしい、

すてきなあなたに戻す一助になれば、

私にとってこれ以上の幸せと喜びはありません。

いつも、心よりあなたの幸せと平安を願っています。

2012年　　井上裕之

井上裕之

いのうえ・ひろゆき

歯科医師、セラピスト、経営学博士。
1963年北海道生まれ。東京歯科大学大学院修了。北海道・帯広でいのうえ歯科医院を営む。
歯科医師としてより高いレベルの治療を提供するために、ニューヨーク大学をはじめ、海外で世界レベルの技術を修得。
その高い技術はもとより、3万人以上のカウンセリング経験を活かした、患者との細やかな対話を重視する治療方針も、国内外で広く支持される。
歯の痛みを治すだけでなく、心の痛みもケアしてくれるとの評判から、はるばる海を越え、国内はもちろん海外から北海道・帯広の医院を訪れる患者も少なくない。
歯科医師として治療に励むかたわら、インディアナ大学歯学部など国内外の大学で教鞭をふるうほか、講演、執筆など多彩に活躍。著書に『自分で奇跡を起こす方法』『30代でやるべきこと、やってはいけないこと』など多数。
「困難に直面している人に勇気と希望を与えたい」と日々、精力的に活動している。

今の自分を変えてみたい。

もっともっと良い人生にしたい。

自分らしい生き方をしたい。

今に満足していない、何か夢をもちたい。

夢や目標をかなえたい。

恋愛や友人関係で悩んでいる。

そんなあなたが、小さな一歩を踏み出せるように。

井上裕之公式サイト
http://www.inouehiroyuki.com/

（「1万人が泣いた！感動のセミナー音声プレゼント」「3万人の人生を変えた！井上裕之のコーチングが毎日体験できる無料メルマガ」などコンテンツ満載）

井上裕之フェイスブック
http://www.facebook.com/Dr.inoue

（「いいね！」を1000以上集めることもある超人気フェイスブック）

がんばり屋さんのための、心の整理術

2012年5月24日　初版第1刷発行

著　者　井上裕之

装　画　石坂しづか
装　丁　五十嵐ユミ（Pri Graphics inc.）
構　成　藤原理加
発行者　鶴巻謙介
発行・発売　サンクチュアリ出版
〒151-0051　東京都渋谷区千駄ヶ谷2-38-1
TEL　03-5775-5192　FAX　03-5775-5193
URL　http://www.sanctuarybooks.jp/
E-mail　info@sanctuarybooks.jp

印刷・製本　中央精版印刷株式会社